RELATION ENVOYÉE NOUVELLEMENT DES INDES, DE LA

mort glorieuse du R. P. Guillaume Courtet, natif du Languedoc, Religieux de l'Ordre des Freres Prescheurs, & d'autres trois Peres du mesme Ordre, & de deux Japponois, occis cruellement dans le Jappon pour la confession de la Foy.

Traduite de l'Espaignol par vn Religieux du mesme Ordre.

A TOLOSE,
De l'Imprimerie de P. D'ESTEY, à l'Enseigne de la Presse d'Or, prez le College de Foix.
M. DC. XXXXI.

LE TRADVCTEVR du Lecteur.

CETTE relation vient du nouueau monde, enuoyée par les Peres de l'Ordre des Freres Prescheurs du Conuent de Manila Ville capitale des Isles Philipines aux Indes Orientales, qui nous en fournissent de deux en deux ans de fort semblables. Pour en faciliter l'intelligence vous supposerés (amy lecteur) Que ce grand Empire du Iappon diuisé en plusieurs Royaumes souz la souueraineté d'vn Empereur, auoit desia si heureusement accuilli la Foy Chrestienne, que le culte diuin estoit publiquement pratiqué en quelques Royaumes, & l'Ordre des Freres Prescheurs auoit basti vn Conuent a Meaço dans le cœur du Iappon, & quelques autres Religieux ailleurs. Quand vn impie Holandois appellé Adam, dit a l'Empereur en l'année 1614. que si cette Religion multiplioit dans son Estat, il se trouueroit en peine de l'opprimer, & que les Chrestiens s'en rendroint maistres quand ils seroient les plus forts. Sur quel aduis, l'Empereur en defendit l'exercice par vn Edit solemnel, fit destruire les Eglises, bannit tous les Religieux & Predicateurs estrangers, & leur defendit l'entrée de ses terres pour l'aduenir, souz des cruelles peines de mort qui ont esté executées en plusieurs, si rigoureusement que les tormens ont égalé ceux des anciés Martyrs de l'Eglise. Et du seul Ordre des freres Prescheurs en furent rostis tous vifs onze pour vn iour, & depuis l'an 1617. iusques a l'an 1629. il en a esté en tout rosti treize, trente decapités, dix-huict demembrés, trois occis a coup de lance, qui est en tout soixante quatre victimes de ce seul Ordre outre ceux qui depuis ont esté martyrisés. Quoy nonobstant il y a encores nombre de Chrestiés secrets dans le Iappon, pour la consolation & instruction desquels diuers Religieux s'y glissent incognus au hazard manifeste de leur vie. L'ordre des Freres Prescheurs affin d'auoir vn seminaire de tels ouuriers, & pour trauailler comm'il faict a la conuersion du Royaume de la Chine voysin du Iappon, a erigé vne Prouince nommée du S. Rosaire, de certains Conuents bastis dans les Isles Philippines, pour y receuoir, tous ceux qui des autres Prouinces de l'Ordre seront appellés de Dieu a vne si noble fin, pour y faire non pas vn Nouitiat de Religion (car ils doiuent desia tous estre aduancés en Religion & en vertu) mais vn Nouitiat du Martyre, auquel il faut estre prest allant aux terres infideles prescher le nom de Dieu. Et a ces fins dans cette Prouince, outre l'exacte obseruance des Constitutions de l'Ordre, on y fait deux heures d'oraison mentale tous les iours, & en suitte on prend la discipline en commun excepté les festes, on n'y a point d'autre lict que des tables toutes nües, on y ieusne au pain & a l'eau tous les vendredis, & sautres austerités communes, outre celles que la deuotion particuliere suggere, qui mortifient le corps pour le disposer a des plus grands tormens, & a vne mort violente par la main d'vn bourreau. Les Prouinces d'Espaigne fournissent de Religieux celle la qui est de l'Estat Espaignol, peu d'Italiens y sont allés, & point de François. Iusques a ce qu'en l'année 1628. le R. P. Guillaume

Courtet natif de Serinian en Languedoc Diocese de Beziers Religieux de la Congregation de Sainct Louys dudit Ordre, apres auoir vescu 20. ans dans les obseruances exactes d'icelle, qu'il accompagnoit de veilles quasi continueles ne reposant la nuict, que sur le siege de son estude, ou dans vne chaire du chœur, d'abstinences trois fois de la Sepmaine se priuant de tous les mets, excepté du moins nourrissant, plutost pour couurir son jeusne que pour nourrir son corps, de ceinctures de fil d'airain a plusieurs pointes, & autres tels instrumens qu'il portoit quasi tousiours sur les reins, & de disciplines tres-frequentes & si rudes, que ses coups couuroint le bruit de tous les autres en la discipline commune, se trouua appellé interieurement a vne si haute entreprinse auec que tant de presse par des ressorts d'vne prouidence de Dieu vrayement adorable, qu'il obtint la permission d'aller à la susdite Prouince du S. Rosaire, du Reuerendissime P. General qui estoit pour lors en France, & du Pere Vicaire general de sa Congregation, qui estoit lors le R. P. Pierre Girardel Inquisiteur de Tolose (hõme d'eminente vertu en sa vie & d'heureuse memoire pour tous ceux qui l'ont cognu; singulierement au Comté de Foix ou il est appellé communement l'Apostre de Foix, pour y auoir trauaillé deux ans entiers a la conuersion des Heretiques, auec vn succés non-pareil en France.) Qui en donnant son consentement, asseura que le P. Courtet mourroit martyr au Iappon, ce qui est arriué comme diuerses autres choses qu'il auoit predit. Voicy doncques la relation de cette mort glorieuse, & de celle d'autres trois Peres du mesme Ordre, & de deux Chrestiens seculiers Ipponois. Nous en deuons la premiere notice à Monseigneur le Comte de Barrault Cheualier des ordres du Roy, & son Gouuerneur & Lieutenant general en sa Comté de Foix, qui estoit Ambassadeur du Roy en Espaigne, lors que ledit Pere Courtet seiournoit a Madrid, attendant l'occasion de s'aller embarquer en Portugal pour les Indes, & fit vn tel estat de son merite qu'il le choisit pour son Confesseur ordinaire l'espace de deux ans, qu'il y demeura auec reputation d'vne singuliere pieté, tant dans l'esprit des Religieux que des seculiers Espaignols, (qui en doiuent estre creus quand ils sanctifient les François) & de la Reyne mesmes qui le voyoit tres volontiers, & l'estimoit. Ce Seigneur nous à fait part de l'exemplaire Castillan imprimé qu'on luy a enuoyé de Madrid que nous auons aussi du depuis receu de Rome. Dans cette relation (amy Lecteur) vous lirés les quatre elemens auoir esté employés au torment de ces bien-heureux Martyrs, car ils ont esté enfouys dans la terre, noyés dans les eaux, pendus en l'air, & bruslés dans les feux, & par tout victorieux par la vertu de celuy pour la cause duquel ils sont morts à qui la gloire en est deüe.

RELATION.

DE L'OCCASION QVI SE *Presenta aux Religieux de l'Ordre des Freres Prescheurs qui sont dans la Prouince du S. Rosaire aux Isles Philippines pour faire vne nouuelle mission au Iappon: de ceux qui y furent enuoyés & de leur emprisonnement.*

CHAP. I.

LES flammes de la persecution excitée au Iappon contre les Predicateurs de l'Euangile auoient esté si ardentes & si vniuerselles, que desia tous les Religieux y enuoyés par la Prouince du S. Rosaire de l'Ordre des Freres Prescheurs estoient sacrifiés a Dieu par le feu & par le fer, auec des cruautés inoüyes: & les bien-heureux Peres F. Iordain de S. Estienne, & F. Thomas de S. Hyacinthe Prestres & Predicateurs, les derniers de cét Ordre restés dans le Iappon, possedoient desia dans les Cieux la Coronne du martyre dequoy nous auons enuoyé la relation en Espagne il y a deux ans. La tyrannie croyoit triompher de la Foy & se promettoit que les deffenses rigoureuses que l'Empereur & les Roys auoint fait a tous les Prestres & Predicateurs Chrestiens d'entrer dans leur Estat, & les supplices extraordinaires decretés & executés contre tous ceux qui estoient abordez, seroient plus que suffisans de donner la terreur à ceux qui voudroient entre-prendre vn voyage si dangereux. Et de vray si la prudence humaine deuoit seule presider a de pareilles resolutions, leur croyance n'estoit pas mal fondée. Car le principal but de telles missions estant la consolation des Chrestiens affligés & persecutés en cét Empire, & cette fin estant quasi rendüe impossible par l'extreme diligence que font les Ministres de cét Estat pour recognoistre les Predicateurs, qui abordent, auec les extremes supplices qu'on leur fait souffrir dez leur arriuée sans qu'il puissent instruire les Chrestiens : semblent des raisons tres fortes pour dissuader telles missions qui tendent à vne fin impossible d'aquerir. Car la vertu de la force à bien pour son obiect les choses difficiles, mais les impossibles ne sont que l'obiect de la temerité. Neantmoins parce que c'est Dieu mesmes qui pouruoit aux necessités de ses fidelles, & qui pousse les volontés humaines efficacement & doucement, à ce qui luy plait, & fait executer ses desseins par des ressorts superieurs à la raison humaine : il est arriué que lors que ces Tyrans croioent auoir donné la terreur a tous les Predicateurs, ce fut alors qu'ils se tesmoignerent plus resolus à ce voyage : & les mesmes flammes qui auoint consumé les Martyrs dans le Iappon, embraserent le cœur de tous le Religieux de cette Prouince : en sorte qu'il se fit vne salutaire esmeute dans tous les Conuens d'icelle, & les Superieurs furent obligés de condescendre en partie, au commun desir de tous les Religieux. Qui leur representoint l'extreme necessité des Chrestiens du Iappon, La fin qui les auoit portez eux dans cette Prouince; Qu'ils n'auoint pas quitté les Conuens de l'Europe, pour habiter en

ceux

ceux des Indes, comme de mortes payes; Qu'ils auoint passé tant de mers auec tant d'ennuis, de trauaux & de dangers, pour estre employés au secours des Chrestiens du Iappon & de la Chine,& pour succeder aux Peres de leur Ordre, que la tyrannie y faisoit mourir : qu'il estoit honteux a cette Prouince d'abandonner cette nouuelle Chrestienté plantée par leurs peres, & arrosée de tant de sang de diuers Martyrs,qu'elle y auoit enuoyés : & de l'abandonner en cette extreme necessité de Prestres, qui puissent administrer les Sacremens à ces nouueaux Chrestiens mesmes à l'article de la mort, & pour reconcilier à Dieu & à l'Eglise, ceux qui par la rigueur des Edits & la crainte des tormens ont renoncé à la Foy de bouche seulement, qui volontiers recognoistroint & confesseroint leur crime, s'ils auoint des Prestres pour les y ayder, au defaut desquels ils croupissent dãs leur faute,& peu à peu perdent entieremẽt la Foy, Qu'en cette extreme necessité il faloit, prendre des resolutions& des remedes extremes. Toutes ces raisons donques mises en deliberation, il fut arresté qu'on donneroit permission d'aller au Iappon,non pas à tous ceux qui la demandoint (car plusieurs Conuens fussent demeurés deserts)mais à trois Peres qui furent designés. Le Pere Frere Anthoine Gonzalés de la Prouince d'Espaigne qui estoit actuellement Recteur du College & de l'Vniuersité que nostre Ordre a icy a Manila; le Pere Frere Guillaume Courtet François de nation Religieux profez de la Congregatiõ reformée de Saint Louys qui apres auoir enseigné en France la Theologie,estoit aussi lecteur d'icelle en ce Conuent, & le Pere Frere Michel de Ozoraza Biscayn de la Prouince d'Espaigne, sans auoir égard a l'importance de leur personnes & au seruice qu'ils rendoint a la Prouince, qui a tousiours sacrifié en pareilles occasions ; ce qu'elle auoit de meilleurs Comme dez le commencement elle fit, enuoyant le Pere Frere François Morales & successiuement les PP. FF. Hyacinthe D'esquiuel, Dominique D'erquicia, Lucas du S. Esprit, Iacques de Ribera, Alphonse Ximenez, Ignace de Saincte Marie, qni auoint tous enseigné la Theologie, presché glorieusemẽt, & gouuerné ce Conuent de Manila auec des talens extraordinaires pour des fonctions si importantes a l'honneur de l'Ordre, & au bien de la Prouince, & ont tous esté martyrisés pour la Foy. Ce chois doncques ayant esté fait on se mit a la recherche des moyens de faire aborder cette mission. Il arriua tout a-propos qu'en l'an 1634. certains Espaignols furent portés par la tempeste aux Isles de Lequios frontieres du Iappon, & suiettes a cét Empire, a raison dequoy elles y ont vn frequent commerce. Aussi tost que les Espaignols eurent pris terre en l'Isle principale, les Ministres du Iappon qui sont la en garnison les firent prisonniers : mais apres auoir esté bien éclaircis qu'ils n'estoient pas Religieux, ils les mirent en liberté & les laisserent quelque temps dans cette Isle, pendant lequel plusieurs Iapponois les venoint trouuer de nuict se disans Chrestiens, en preuue dequoy ils leur faisoint voir des images & des Rosaires & les coniuroient de les ouyr de confession s'ils estoient Prestres. Et encore que cette procedure pût estre suspecte de fraude, la fin monstra qu'elle ne l'estoit pas ; car apres auoir esté asseurés par les Espaignols qu'ils n'estoint pas Prestres, les Iapponois leur dirent, que s'ils l'estoint, les Chrestiens du Royaume du Iappon aduertis par eux, fussent venus en ces Isles pour les y cõduire, ou tous les Prestres auoint esté martyrisés: & s'il y en restoit quelcun il estoit si secret, que la plus part des Chrestiens ne le sçauoint pas, & auoint vn extreme desir d'en voir arriuer quelcun. Ce rencontre des Espaignols nous ayant esté icy raporté par eux, on se resolut de faire prendre cette route aux trois Peres qui estoint destinés pour ce voyage, & a mesme temps le Pere Vincent de la Croix Prestre, Japponois de nation, & vn autre bon Chrestien seculier aussi Iapponois qui estoint icy a Manila fugitifs de la persecution, auec vn troisiéme Chrestien seculier, natif d'vn pere Chinois & d'vne mere Indienne : se presenterent pour accõpagner les Peres de nostre Prouince & promirent qu'estant arriués aux Isles de Lequios, ils passeroient au Iappon, estans bien instruits des entrées & des issuës, & reuiendroint dans des barques chercher les Peres, & les conduiroint secretement dans l'interieur du Royaume ou la persecution n'est pas si grande, ny les gardes si frequentes, & si sogneuses : seulement demanderent ils que le secret fut bien gardé, & que la mission ne fut que de nos Religieux seuls, & en petit nombre. L'offre de ces trois nouueaux Champions de Iesus-Christ fut acceptée, & pour satisfaire a l'extreme deuotiõ du susdit Prestre, Vincent de la croix il fut receu a l'habit de l'ordre ; & on se mit en deuoir de les faire embarquer. Ce qui ne receut pas peu de difficulté. Car le Gouuerneur de Manila, & les autres Ministres de cét Estat, empeschent soigneusement qu'aucun Prestre ne s'embarque pour le Iappon, de peur de desplaire a l'Empereur & aux Roys de cet Empire ; & les Matelots sont inhibez sous de grandes peines de receuoir aucun Prestre pour ce voyage, a raison dequoy il ne s'en trouue point, ou ils font acheter leur danger a grand prix d'argent. Et en effect le premier embarquement qui fut concerté ne pût estre executé pour auoir esté decouuert. Mais Dieu qui auoit dessein de coronner ses seruiteurs dans le

Iappon & de s'en seruir comme d'vn miroir de patience pour les Chrestiens Japponois, fit trouuer vn nauire & vn Pilote, fit que les gardes se diuertirent ailleurs au tẽps de l'embarquement, & rompit tellement tous les obstacles, que ces quatre Peres Religieux, auec les autres deux Chrestiens seculiers firent voile heureusement, auec vne allegresse increyable. Ils auoint desia fait cent lieuës dans la mer auec vn bon vent, & vn beau temps, (quoy que le Pilote qui estoit Religieux, & les mariniers ne fussent gueres asseurés en leur art) qu'ils furent acueillis d'vn temps pluuieux & d'vn vent contraire, qui les obligea d'aller mouiller l'ancre & prendre terre a vn port de cette Isle appellé Macinglo, ou ils aborderent tous trempés de la pluye du Ciel, & des ondes de la mer, Presage du premier supplice qu'on leur faisoit souffrir. Dans ce port ils essuyerent leur equipage, sans seiourner, pour suiuirent leur voyage, & aborderent aux Isles de Lequios, ou les quatre Religieux auec les deux seculiers prindent terre, & la barque & les mariniers qui les auoient conduits prindrent le large, & s'en reuindrent icy a Manila. Nous n'auons pas encor apris au vray le recueil qui fut fait a ces victimes de Iesus-Christ dans ces Isles barbares, ou nous n'auons aucune intelligence, On a icy rapporté qu'ils y auoient catechisé, confessé & baptisé: ce qui se rend croyable, par le genie des habitãs de ces Isles, qui adhere facilemẽt a la raison quand il l'a peut conceuoir. Seulement sommes nous certains qu'ils y aborderent le dixiesme de Iuillet de l'an 1636. & ne furent portés a Nangasaqui, qu'a la mi Septẽbre de l'an 1637. & que par consequent ils ont seiourné plus d'vn an entier en ces Isles. Durant lequel temps ils ne peuuent qu'auoir aquis de grands merites soit en agissant ou en patissant: en preschant l'Euangile, ou en souffrant les fers & les miseres d'vn exil & d'vne prison.

Des premiers iours des tormens que souffrirent au Iappon les trois Peres, Guillaume Courtet, Michel de Ozoraza, & Vincent de la Croix.

CHAP. II.

TOVS ces glorieux Champions de la Foy, ayant, esté recognus par les Ministres des Roys du Iappon dans les Isles de Lequios furent faits prisoniers, & incontinent l'aduis en fut donné a leurs maistres pour receuoir l'ordre qu'on deuoit tenir en leur conduite, suiuant lequel les Peres Guillaume Courtet, Michel de Ozoraza, & Vincent de la Croix furent conduits les premiers de Satsumo a Nangasaqui, ville principale de l'vn des Royaumes du Iappon, ou ils aborderent le treisiéme de Septébre de l'annee passee 1637. a quatre heures de relenée, liés & garotez, les mains par derriere, en habit seculier, & furent tous trois mis dãs vne prison fort estroite, pour vne garde plus assuree de ces aigneaux innocẽs & de la ils furent incontinent conduits au Tribunal des Iuges par vne compagnie de gendarmes, comme prisoniers de grande consideration, & preuenus d'vn grand crime & qui s'y chastie tres rigourusemẽt: d'y estre venus pour prescher l'Euangile, & la Loy du Dieu viuant, cõtraire a celle d'vn Empereur idolatre, En ce Tribunal ils furent interrogez de la conditiõ de leur personne, & de leur profession a quoy ils respondirent brieuemẽt, qu'ils estoient tous trois religieux de l'Ordre du glorieux Pere S. Dominique, les deux premiers depuis plusieurs années, & le dernier depuis leur embarquement de Manila ou il auoit fort long temps esté en habit clerical assistant les Chrestiens Iapponois qui sont la, & que l'année de sa probation estant expiree depuis leur depart de Manila il estoit aussi profez du mesme Ordre. Interrogez s'ils sçauoient la deffence que l'Empereur auoit faite a tous prestres & religieux d'entrer dans son Royaume, repondirent qu'ils ne pouuoient ignorer ce qui estoit cognu par tout le monde, ou cette loy est assez diuulguée, & la rigueur des peines qu'on impose aux transgresseurs, quoy nonobstant ils s'estoint resolus a ce voyage pour animer les Chrestiens du Iappon dans la persecution qu'on leur faisoit souffrir, releuer ceux a qui les tourmens auoint fait renoncer a la foy, baptiser les enfans innocens, & precher a eux & a tous les autres infidelles l'vnique chemin du salut eternel, qui est la saincte & veritable loy de Iesus-Christ. Cette responce fut acueilie de risee par les Iuges, qui leur demenderent d'ou venoit cette hardiesse, d'entreprẽdre de venir la ou les aduenues sont si bien gardées, qu'aucun Religieux ne peut aborder sans estre arresté prisonnier comme il leur est arriué, & par consequent sans esperance de faire les fonctions qu'ils pretendent. A quoy les Peres repliquerent. Qu'ils n'auoint iamais creu l'entrée de ce Royaume si difficile pour eux, & qu'ils auoint toujours esperé qu'a la faueur de la nuict ou de quelque autre bonne rencontre, ils pourroint aborder sans estre recognus. Et quand Dieu permettroit le contraire (comme il a fait) ils n'ont iamais creû leur voyage infructueux. Car ce courage mesme qu'ils tesmoignent de s'exposer a des dangers si grands, & de morts si certaines, & si cruelles pour l'honneur du Dieu qu'ils annoncent, doit obliger tous les Infideles de croire qu'ils sont assistés de quelque force Diuine, & que celuy qui la leur cõmunique est vn Dieu tout-puissant. D'ailleurs les Chrestiens Iapponois sont affermis en leur foy, quand ils voyent aborder les Religieux qui abandonent les Royaumes estrangers, ou ils pouuoint passer leurs iours auec asseurance de leurs vies & dans la veneration des peuples Chrestiens, pour les venir assister & consoler au hasard si manifeste de mourir par des supplices estranges, & qu'ils prechent par leur exemple aux Iapponois ce qu'ils doiuent faire en pareille occasion, & que la cõsideration de ce dernier fruit qu'on ne peut leur rauir, est si puissante dans leur esprit, que l'apprehension de tous leurs torments n'est pas capable d'arrester le desir qu'ils ont d'auancer la gloire de leur maistre, qui leur promet en eschange de cette vie miserable, & de tormens passagers, vne vie eternelle & vne gloire immortelle. Les Iuges ne treuuoint pas leur conte en contestant auec eux sur vn sujet que ces Peres auoint si long temps premedité, & si souuent consulté auec Dieu & auec les hõmes. Il leur font des demandes moins importantes & desquelles ils pouuoient esperer plus de profit pour leur particulier. Ils leur demandent si le Gouuerneur de Manila les auoit enuoyés. Qu'elle auoit esté leur barque, leur Pilote, leurs Matelots, s'ils auoint quelque intelligence dans le Iappon, & si les Portugois qui estoint dedãs, deuoint pouruoir a leurs necessités. A quoy ils respondirent distinctement, que tant s'en faut que le Gouuerneur de Manila les eut enuoyés, qu'il auoit fait brusler la premiere barque qu'ils auoint arresté, leur dessein estant venu a sa notice: qu'ils ne cognoissoint personne dans le Iappon, qu'ils n'attendoint rien des Portugois, que la retraite qu'ils auoint espeté dans ce Royaume estoit quelque vieille mazure desertée, ou le creux de quelque montaigne attendans la rencontre de quelque Chrestien qui les ébergeat: & afin de n'estre a charge a personne, leurs Superieurs leur auoint donné dequoy viure pour quelques années, & promis de leur enuoyer dans quelque temps d'autres Religieux pour seconder leur trauaux & leur porter de nouueaux moyés de viure. Les Iuges recogneurét que le Pere Guillaume Courtet, n'estoit pas naturel Espaignol, & dirent qu'on n'auoit point encores veu dans le Iappon de Religieux estrangers (c'est adire en leur sens, qui ne fussent sujets du Roy d'Espaigne) & creurent qu'il estoit Holandois n'ayant iamais frequenté auec des Europeans qui ne fussent subjets d'Espaigne ou des Holandois, & qu'il auoit desseigné de se mettre a couuert dans le cartier qu'on leur a assigné pour le commerce, de quoy ils fussent esté tres-aises, afin de profiter sur le bien des Holandois, pour leur particulier. Mais le Pere Guillaume leur respondit qu'il estoit François, & non point Holandois, qu'il n'auoit rien de commun auec eux, qui estoint heretiques, excommuniés & separés de l'Eglise Catholique. On luy demanda s'il estoit Theologien, il respondit qu'il estoit liseur de Theologie, & adiousta que le Pere Michel estoit aussi bon Theologien, quoy qu'il ne fut pas liseur. On leur demanda encore s'il y auoit vn Seminaire a Manila pour l'instruction de la ieunesse Iapponoise, s'il y auoit plusieurs Iapponois qui eussent esté ordonnés Prestres, & si on auoit enuoyé des Prestres au Iappon par la voye de la Chine. Ils respondirét que le Seminaire auoit esté commencé, mais qu'il n'estoit pas encore formé, qu'on auoit ordonné quelques Prestres Iapponois, & qu'ils ne sçauoient pas qu'on en eut fait aucune mission au Iappon par

par la voye de la Chine. Cependant que ces demandes ſe faiſoint, il y auoit dans la ſale de l'audience vn Iapponois renegat apellé Thomas qui eſtoit clerc, & auoit fait le voyage de Rome, où il auoit eſté careſſé d'honneur, & de bien-faits par le S. Pere, & par pluſieurs Roys & Princes Chreſtiens. Cét ingrat eſtant retourné au Iappon a renié la foy, & taſche a perſuader aux autres Chreſtiens de faire le meſme ; & quoy que ſouuent l'exemple des Martyrs luy touche le cœur, & qu'il donne des eſperances de ſa conuerſion, il croupit neantmoins encore dans ſon erreur. Cét Apoſtat donques voyant la conſtance de ces priſonniers a la veuë des ſupplices qu'õ leur preparoit, dit au Pere Michel quelques paroles latines pour le porter a renoncer a Ieſus-Chriſt. Le Pere luy repliqua, Puiſque vous parlés le langage de l'Egliſe latine, vous eſtes ſans doute renegat de la Saincte foy: voſtre diſcours s'accorde bien a la grammaire latine, mais non pas a la verité de la foy que vous auiés apris. Ce peu de paroles fermerent la bouche à ce renegat & le couurirent tellement de honte qu'il n'euſt point de repart, & n'oſa plus paroiſtre en cette compagnie. Cependant que les Iuges interrogeoint les priſonniers on preparoit les tormens, auſquels ils eſtoint condamnez deuant qu'eſtre ouys, & de l'audience ils y furent conduits. Le premier fut celuy de l'eau qu'on leur fit aualer auec vn entonnoir dans la bouche en ſi grande quantité qu'elle ſemble incroyable, car chacun d'eux en beut deux mille meſures, qui tiennent autant chacune que la quarte de Paris, & font en tout trois muids ou trois barriques d'eau qu'on leur verſa dans l'eſtomac à diuerſes repriſes en auſſi grande quantité chaſque fois, que leur corps en pouuoit contenir ſans étoufer. Apres quoy on les ietta par terre le viſage vers le Ciel, & leur chargeant le ventre d'vne pesante table, le bourreau montant dessus leur faisoit regorger ces eaux auec violence par la bouche, par les narines, par les oreilles, & par les yeux, & non plus des eaux pures, mais toutes teinctes du sang des patiens qui souffroint cét horrible torment auec vne force si grande, qu'ils donnoint de l'estonnement à tous les assistans. Apres quoy on les remplissoit derechef d'autres eaux, & on les remettoit à la presse pour la leur faire regorger, & beurent en cette façon vne si grande quantité que c'est merueille qu'ils n'en fussent étouffez, ou creuez par la pesanteur des bourreaux qui les fouloint aux pieds. Mais Dieu les reseruoit à de nouueaux supplices pour augmēter leur gloire. La nuict estant suruenuë, le torment cessa iusques au l'endemain qu'il fut reiteré, & adiousté vn nouueau beaucoup plus sensible que le precedent. Car les ayant fait asseoir, & leur ayant faict croiser les deux bras deuant la poictrine, on les attacha fortemēt en cette forme cōtre vn poteau, & en suite on leur ficha entre les ongles & la chair de tous les doigts, de grandes & penetrantes éguilles, qui percerent iusques à la ioincture du milieu des doits, auec vne douleur si sensible, que la seule apprehension nous fait fremir. Il faut icy recognoistre le courage inuincible des ces Martyrs ausquels ce torment n'arracha pas vne seule voix de gemissement. Le Pere Michel voyant ses mains toutes couuertes de sang, & la teste de ces éguilles au dehors de ses doigts : tout remply d'allegresse s'escria. O Dieu quels beaux œillets sōt sortis de mesdoigts! O que ces roses sont vermeilles, teinctes de mon sang versé pour vostre amour mon Dieu! mais qu'est ce le sang que ie verse, eu égard au torrēt de sang que vo^9 auez versé de vos mains pour l'amour de moy? Ces paroles accōpaignées d'vn visage serein, blesserent le cœur mesme de ces cruels Iuges, & arracherent les larmes des yeux des bourreaux, & d'vn cœur attendry de cõpassion, on leur demanda pourquoy ils venoient eux mesmes ainsi s'enferrer, & chercher des supplices. Ce que le Pere Guillaume ayant entendu conjura les assistans de dire de sa part aux Iuges qu'ils n'estoint pas si ennemis de la vie, que le desir de mourir les eusse conduit au Iappon; que le but de leur voyage n'estoit pas d'y laisser la vie, mais d'y prescher l'Euangile de Iesus-Christ vray Dieu, & d'apprendre aux Iaponois le moyen de paruenir a vne vie eternelle pour laquelle il faut mespriser la presente comme ils font; & que les Iuges sçachent, dit-il, que c'est la vraye raison de nostre venue. Cependant donc que ces bourreaux leur fichoient ces esguilles, le Pere Guillaume, & le Pere Michel au milieu de si sensibles doleurs se trouuoient dans vne sensible alegresse, & ce qui arrachoit les gemissemens de la poictrine des assistans, ne produisoit en eux que des cantiques, & des louanges a l'hõneur de Dieu, le Pere Michel faisant des colloques auecque Dieu, & le Pere Guillaume auec la saincte Vierge, comme aduocate du saint Rosaire. En quoy il est a remarquer, qu'vne grande alegresse qui accompaigne le tourmens est la marque la plus noble qui puisse honnorer le martyre, comme l'enseigne S. Thomas en son quodlibet 4. art. 19. & la pratique qui s'en est veue en S. Laurent, S. Vincent, & autres plus excellens Martyrs de l'Eglise. Les Iuges se trouuans tous confus de cest alegresse, & voulant redoubler le torment commanderent aux patients qu'auec la teste des éguilles qui estoint hors des doits d'vne main ils donnassent des coups en celles de l'autre, cõme qui toucheroit vne guiterre. Et afin que la douleur leur fusse plus sensible, & donnast plus de terreur aux assistans, ils commanderent aux boureaux que prenãt eux mesmes les mains ils fissent choquer les éguilles d'vne main contre celles de l'autre, & non contens de cela ils leur firent prendre de petits bastons, pour toucher sur ces éguilles, a la façõ qu'on touche sur vn tambour de cordes ou sur le psalterion. Ce qui se passa auec vne extreme patience des Martyrs qui emploioint cependãt leur voix a benir Dieu, afin de faire vn concert de leur voix auec cét instrument musical de leurs mains. Vne seule voix manqua à cette diuine musique pour faire vn Trie parfaictemẽt accõpli. C'est que le Pere Vincẽt Iaponois & nouueau Religieux perdit courage au milieu des torments, & a ce qu'on dit, renonca à la Foy pour les euiter, ce que pourtant il ne peut pas obtenir des Iuges, qu'a condition qu'il declarat franchement quels estoient les Iaponois naturels, les Portugais, ou les Holandois qui auoint intelligence auec les prestres ou predicateurs. Sur quoy ne pouuãt rien deposer il fut constraint de souffrir le mesme torment que les autres par forme de torture pour l'obliger à dire là dessus la verité. Ce fût alors qu'on recognut la difference qu'il y a de ceux qui souffrent les torments auec l'assistance de Dieu & pour l'amour de luy, & de ceux qui les souffrent sans luy pour des raisons humaines. Car ce pauure Vincent estoit tout trempé en larmes, assommé de tristesse, plain de desespoir dans ces tormens, & non loin de la rage, faisant vne si grande resistance aux bourreaux qui luy fichoint les éguilles dans les doits, que trente persones auoint peine de le tenir: là ou vn seul bourreau les auoit fichées aux mains du Pere Guillaume, & du Pere Michel qui tẽdoint les mains & les doits, & souffroint constamment vn torment si sensible, sans retirer la main, ny perdre l'allegresse de leur contenance, & de leur voix; marque trescertaine de la preſence de Dieu en leurs tormens, qui donne a ſes fidelles teſmoins des forces inuincibles & des conſolations toutes diuines qui en moderent le ſentiment, & qui manquẽt à ceux qui ne ſouffrent pas pour l'amour de Dieu, cõme il arriua a ce pauure Japponois abandondé de la grace. Ces tormens qui auoint commencé des le matin, ne finirent qu'auec ce iour, ſi toutesfois ils finirent; car ils en reſterent ſi briſez qu'ils ne pouuoint ſe ſouſtenir ſur leurs pieds. C'eſtoit vn ſpectacle pitoyable de les voir eſtandus par terre, armez ou pour mieux dire embellis de poinctes en tous les doigts de leurs mains, les yeux clos, hors d'haleine, & cõme agonizans. En quel eſtat ils furẽt derechef exhortez de la part des Iuges de renoncer à la foy Chreſtienne, auec promeſſe d'auoir la vie ſauue. A cette propoſition leurs forces reuindrent ſoudain, & le Pere Guillaume reſpondit d'vne forte voix & ironique bon bon, cét bien pour cela que nous ſommes icy venus, & tout à coup ces deux victimes qui paroiſſoint agonizantes ouurirent les yeux, où l'alegreſſe meſme ſembloit auoir eſté peinte, & que les rayons qui en ſortoint fuſſent des éclairs, & reprenant haleine recommencerent à benir le nom de Dieu. Les miniſtres ayant clairement remarqué que toutes les fois qu'on leur parloit de renoncer â la foy tous leurs eſprits ſe recueilloint, & que c'eſtoit comme ietter de l'huile dans vn feu mourant, qui ralumoit leur courage : les Iuges reſolurent de leur donner du loiſir pour refroidir leur ferueur & ſentir plus a loiſir la picqueure de leurs tormens & les firent rapporter a bras dans la priſon eſtant incapables de s'y porter eux meſmes, particulierement le Pere Michel (quoy que d'ailleurs fort robuſte) ſe trouua demy mort à la fin de cette iournée, comme ayant diſſipé vne grande partie de leurs eſprits vitaux & animaux par les souffrances de ces cruels tormens,& l'attentiõ de l'esprit, auec laquelle ils souffroint & s'offroint a Dieu. Porté neantmoins dans la prison il reuint à soy. Estans dans la prison on les chargea de fers aux pieds & aux mains de nouueau, & quoy qu'ils fussent mis chascun en sa prison, il leur resta cette consolation que la cloison qui les diuisoit n'estant que de simples ais, n'empeschoit pas leurs mutuels colloques; ny auec le Pere Vincent Iapponois, qui estoit en mesme lieu auec eux. La foiblesse du courage de ce bon Pere auoit grandement blessé l'esprit des autres deux, & c'estoit l'vnique sujet d'affliction qu'ils pensoint auoir; aussi le premier soin qu'ils eurent apres auoir remercié Dieu, ce fût d'impetrer de sa bonté la conuersion de leur frere. A cette fin ils firent des prieres tres-instantes, & leuant les mains au Ciel, la teste de leurs éguilles demandoit auec quelque sorte de droit le salut de leur frere, & sembloint vouloir percer les Cieux, pour en faire couler les misericordes sur luy comme il arriua; Car apres leur oraison ils representerent viuement à ce pauure Iapponois l'enormité de son crime, les obligations qu'il auoit à Dieu par dessus le commun des autres Chestiẽs estant marqué du charactere de la prestrise & obligé par les vœux de religiõ. Ils luy rappellerent en memoire la ferueur d'esprit auec laquelle il estoit sorty des Philippines, où il pouuoit viure le reste de ses iours en honneur & en paix, pour uenir à son pays natal trauailler pour la Foy, bien instruit du hasard qu'il couroit, & quasi asseuré de mourir dans les tormens, que sa cheute estoit grandement scandaleuse pour les Chrestiens Iapponois, inutile pour luy qu'on fairoit asseurement mourir : qu'il y auoit encore du temps pour se repentir & souffrir auec eux d'vne pareille allegresse qu'ils auoit veu en eux, estant assisté d'vne pareille grace qu'il auoit perdu en reniant la Foy. Dieu accompagna ce discours si fortemẽt de ses graces que le Pere Vincẽt reuenant à soy deplore son malheur, se repentit, confesse sa faute & le iour suiuant se declara hautement Chrestien & vouloir mourir pour cette cause. Ils furent donc tous trois obligés de souffrir pour vn troisiesme iour le torment de l'eau, ce qu'ils firent auec vn courage & vne patience esgale. Les Iuges voyant que cette sorte de supplice ne produisoit aucun effet, en essaierent vn autre les faisant pendre par les pieds sur vne fosse plaine d'eau les mains liées & la teste enfoncée dans l'eau ou on la tenoit submergee iusques a ce que on les voioit sur le point destoufer a force de boire, & alors on la retiroit & les Iuges commandoint aux ministres de leur donner parole de vie sauue, s'ils vouloint renoncer a la Foy, & apres vn refus genereux de cét offre, on les remettoit au mesme torment, qui fût reiteré par diuerses fois & accompaigné de mesmes promesses meprisées d'vn mesme courage, en sorte qu'il arriua que les ministres qui portoint cette parole negligerent de leur en parler. Dequoy les Iuges leur demandant raison respondirent que ces offres qu'õ leur faisoit leur dõnoint tant de satisfactiõ, que c'estoit cõme vne eau cordiale, ou vn restaurant qui leur redonnoit la vie a demy perduë, & redoubloit leur courage: sur l'asseurance qu'ils receuoint de mourir pour le soustien de la Foy. Ce tormẽt finit auec le troisiesme iour. On leur demanda s'ils auoint faim le Pere Guillaume respondit qu'ils n'auoint aucun appetit de manger. Le Pere Michel adiouta que leur faim consistoit a exposer leur vie pour l'amour de Dieu, quoy qu'ils fussent esté desia trois iours sans manger. Et on les rapporta dans les prisons pour y attendre leurs compagnons qui n'estoint pas encores abordés.

Du martyre du Pere Anthoine Gonsalez, & de son heureuse fin.

Chap. III.

LE vingt-vn du mesme mois de Septembre a deux heures de releuée le Pere Frere Anthoine Gonsalez Superieur de cette missiõ arriua auec les deux autres Chrestiens seculiers. Le Pere sortit le premier de la barque en terre d'vn maintien posé & graue les yeux leués deuers le Ciel d'ou il demandoit & esperoit le secours, & leuant la main se munit plusieurs fois du signe de la croix, imitant en cela les anciens Martyrs. Les Portugois auoint leur cartier de ce costé la, & de leur maison en hors regardoint tout ce spectacle, auquel accourut vne grande multitude de peuple Iapponois, qui accompagnia les prisonniers iusques au tribunal des Iuges. Le Pere Anthoine auoit quelque indisposition aux jambes ce qui l'obligeoit d'aller au petit pas, & augmẽtoit cependant cette grauité qui luy estoit naturelle. Il auoit prins le scapulaire de son Ordre, petit neantmoins & fort court & se trouuant enuironné de tant de peuple il estoit plus eminent de toute la teste comme vn autre Saul entre les Israelites. Estant arriué au Tribunal des Iuges, ou s'estoint aussi rendus Christofle Ferreyra Apostat de nostre Foy & de sa Religion, & autres Iaponois Renegats que les Iuges auoint aposté pour persuader aux prisonniers d'adorer les Idoles. Il fut interrogé par les Iuges de sa condition. Il respondit qu'il estoit

estoit Religieux de l'Ordre de S. Dominique, qu'il estoit Superieur des autres trois Religieux qui estoint abordés les premiers a Nangasaqui, & de tous les autres du mesme Ordre s'il en restoit aucun dans le Iappon. On luy demanda s'il estoit informé de la deffence Imperiale faite a tous les Religieux d'entrer dans ce Royaume. Il respondit que tant luy que ses compagnons en estoint fort bien informés, mais que l'amour de Dieu & du prochain les auoit pressés a venir pour extirper l'adoration des idoles, & faire cognoistre aux Ministres du Iappon le sacrilege qu'ils commettent en defendant la predication de la foy de Iesus-Christ, & d'vn vray & vnique Dieu. Cette response seruit de risée aux Iuges qui apres luy auoir fait les mesmes interrogations qu'aux autres, & receu de luy les mesmes responses. Luy demanderent s'il n'auoit point de letres sur soy: a quoy il repartit qu'il auoit trois copies d'vne mesme letre qu'il écriuoit a vn Religieux Apostat, de la cheute duquel (quoy qu'il ne fût pas de son Ordre) il auoit le cœur blessé de cōpassion: & qu'il auoit écrit ces trois copies de sa main pour en enuoyer en diuerses parts du Royaume, & d'en faire arriuer quelcune és mains de cét Apostat. Il auoit aussi écrit vne autre letre aux Iuges de Nangasaqui, leur representant le tort qu'ils ont de persecuter la foy de Iesus-Christ vray Dieu, duquel ils n'ont iamais receu que toute sorte de bien, & se rengeant à son seruice il n'en doiuent esperer que toute sorte de graces & de benedictions. On commanda aux Ministres de se saisir de ces letres. Et les Iuges demandant qui étoit celuy a qui les trois s'adressoint, il se trouua dans la compagnie, & respondit que c'estoit luy, & se retira tout plain de honte & de confusion. Le Pere Anthoine print la parole soudain, & commença a discourir hautement de nostre Foy pour tirer quelques fleches dans le cœur de cét Apostat & des autres assistans. Ce qui dépleut fort aux Iuges, qui cōmanderent que soudain on le conduisit auec ses deux compagnons au lieu du suplice de l'eau. Ou étant arriué & tormenté d'icelle, on luy disoit que ses autres trois Religieux auoint apostasié de la foy. Il repliqua hardiment que cela n'estoit pas, & qu'il estoit bien asseuré de leur courage, & qu'il esperoit de Dieu la mesme perseuerance. Et parce que tout autant de fois que ce suplice reiteré luy dona loisir de parler il leur preschoit la Foy de Iesus-Christ, il fût tres cruellement tormentés & de la conduit dans vn autre lieu, ou on luy fit voir vn' image de N. Dame du S. Rosaire & de S. Dominique, qui par le commandement des Iuges fût foulé aux pieds en sa presence. Ce que voyant ce bon Pere se prosterna en terre tout garroté, comm'il estoit pour l'honorer & la baiser, & adressa des paroles a la Saincte Vierge en termes tous plains de tendresse de cœur du ressentiment qu'il auoit de ses interrests, & de l'amour cordial auec lequel il l'auoit tousiours recognüe pour sa Maistresse, & mere de son Dieu. Dequoy il fût soudain recompensé par ces bourreaux de deux grands soufflets, en luy reprochant que s'il y auoit du sacrilege d'auoir foulé aux pieds cett'image, luy & les siens en deuoint subir la peine, qui portoint cette marchandise dans le Iappon. Quand au Chrestien seculier appellé Laurens Ruiz Chinois du costé de son Pere, encores que la rigueur des tormens eut ébranlé d'abord sa resolution, neantmoins secouru de la grace, & animé de la generosité & de l'allegresse que le Pere Anthoine témoigna dans ses tormens, il refusa la vie qu'on luy presentoit, & protesta hautement que pour cette Foy il doneroit mille vies s'il les auoit, en suitte dequoy il endura genereusement le supplice de l'eau. Restoit le troisiéme Chrestien seculier Iapponois auquel la seule apprehension des tormens fit perdre le courage, en sorte que donant esperance d'apostasier & le iour étant ia fini, il ne fut point vexé, & neantmoins fut conduit auec les autres deux dans la mesme prison où les trois premiers estoint reserués. Ce fut vne grande consolation pour ces bons Religieux, d'auoir moyen de s'entretenir ensemble toute cette nuict de discours tels que leur condition presente requeroit. Le premier & le plus pressant soin fut de releuer le courage du seculier Iapponois : pour lequel apres auoir fait oraison a Dieu ils employerent toute la force de leur discours, & luy rendirent de si asseurés témoignages de l'assistance que Dieu dõnoit au milieu des tormẽs, & des douceurs d'esprit qu'ils y auoint ressẽty qui surpassoint de beaucoup la douleur, que le Iapponois se resolut enfin auec la grace de Dieu de confesser son crime & de mourir en la profession de la Foy. Ce qu'il fit, & par ce moyen, de cette saincte compagnie de six personnes, il ne s'en perdit aucune; & le sacrifice fut tout entier. Or le Pere Antoine resta si brisé des tormens, qu'ayant esté porté par les bras d'autruy en la prison, il n'y peut aussi demeurer que couché en terre, a raison mesmes que desia il estoit malade & la fieure en fût grandemẽt augmẽtée. Neantmoĩs le 23. du mesme mois on le vint querir luy & ses autres deux cõpagnons pour leur faire reiterer le suplice de l'eau Sur cette nouuelle le Pere Anthoine dit qu'il étoit dans le plus fort de sa fieure, mais que ce n'estoit rien au respect de ce qu'il deuoit souffrir pour l'amour de Dieu. Les autres Peres qui a trauers de leur cloison de bois entendirent sa voix, luy dirent. Courage Pere Vicaire Prouincial cét le chemin du Ciel que nous cherchõs tant; il leur repliqua. Ouy mes Peres, mais aydés moy par vos prieres enuers Dieu auec la grace duquel toutes choses sont faciles. Ce qu'ils firent auec la ferueur que la charité & necessité presente le demandoint, & non sans effect. Car ce bon Pere remis au tormẽt de l'eau témoigna tousiours vne constance inébranlable, quoy que apres auoir beu l'eau, quãd on le fouloit aux pieds pour la luy faire regorger, il rendit auec l'eau grande quantité de sang caillé en sorte que la compassion toucha le cœur de ces barbares, & le tormẽt ne fût pas reiteré si souuent que le iour precedent, mais il fût rapporté dans la prison deuant la fin du iour, ou il demeura iusques a la minuit tout alangoury & attaint de fieure tres violente. En quel temps se sentant defaillir il demanda vn peu de vin au Geolier, afin disoit-il d'auoir encore de force pour souffrir de nouueaux suplices, mais la nature defaillãt, & sa Coronne estant accõplie, Dieu l'appella a soy apres qu'il eut dit Adieu a ses freres auec la tẽdresse de cœur, & les termes amoureux qu'on se peut imaginer; les consolans & les animant a perseuerer genereusement rendit son ame a Dieu couché en terre parmy les ordures de la prison. Et quoy que cette mort blaissat le cœur de ses freres, pour étre priués de la compagnie d'vn si bon Prelat, ce leur fût pourtant vne grande consolation pour l'asseurance qu'ils auoint de sa gloire, & qu'estant en la presence de Dieu il leur seruiroit d'Aduocat comm'il auoit esté leur Pere, pour leur impetrer la grace d'imiter sa generosité iusques a la mort, comme leur capitaine qui estoit passé deuant pour leur faciliter le chemin & impetrer la coronne qu'ils esperoint de receuoir bien tost. Cette mesme matinée son corps fût enleué, & porté en la montagnie ou tant d'autres Chrestiens auoint esté bruslés, & ou il fut ietté sur vn grand bucher & reduit en cendre a la veüe des Portugois qui de leur maisons voyoint la fumée, & benissoint Dieu de la constance qu'il donnoit aux hõmes. Tout le peuple accourut aussi a ce spectacle. Ses cendres furent ramassées, & la terre mesmes qui auoit touché sa personne, & le tout mis dans des sacs & ietté dãs la mer auprés des Isles qu'on appelle des Cheuaux, pour empescher les Chrestiens d'en auoir aucune relique, quoy que quelques vns de ses deuots en acheterent a prix d'argent.

Du Martyre des autres trois Religieux, & des deux seculiers leurs compagnoins.

Chap. IV.

LE vingt-septiéme du mesme mois les autres cinq prisonniers furent conduits au dernier suplice en la forme suiuante. Les ministres de la Iustice les ayant sortis de la prison, il se fit vn grand concours de peuple qui remplissoit l'air de voix confuses, non plus a la loüange de Dieu ou des Martyrs, comm'autres fois on souloit, mais de voix iniurieuses, de derision & de brocars contre les Martyrs. On les fit monter a cheual. Le premier en ordre fut le Iappanois natif de Meaco, qui ayant accõpagné les Peres pour leur seruir de guide au voyage du Iappon, leur seruit alors de conducteur pour se rendre au lieu du dernier cõbat, pour aller non plus en terre, mais au Ciel. Apres luy suiuoit Laurens Ruiz, honorant sa nation & son pays de Minondoc, pour auoir desia pati beaucoup, & s'acheminant ioyeusemẽt a la mort pour la Foy. En suite suiuoit le Pere Vincent de la Croix Japponois, qui confessoit genereusement le nom de Dieu non pas de parole, car on leur auoit mis des baillons a la bouche, mais de fait allant joyeusemẽt au suplice pour l'amour de luy. En quatriéme lieu suiuoit le Pere Guillaume, si deffait & si foible de corps qu'il ne pouuoit pas mesmes se tenir sur le cheual, & neantmoins si courageux d'esprit, que toute sa pensée étant dans les Cieux il y tenoit les yeux toûiours fichez, & paroissoit extasié, apprehendant desia viuemẽt la gloire qui le rauissoit par sa beauté. Le Pere Michel fermoit cet escadron, auec vn visage si content & si plein d'allegresse, qu'il en cõmuniquoit a tous ceux qui le regardoint. Passant deuant le cartier des Portugois, qui de leurs maisons regardoint & admiroint cette S. procession, il les salüa courtoisement par trois diuerses inclinations de teste, ne le pouuant pas de parole pour le baillon qu'il auoit a la bouche; les Portugois luy rendirent vn pareil salut, qu'ils accompaignerent de plusieurs larmes, & la ferueur emporta quelques vns a leur chanter hautement le Premier Pseaume de Dauid, Bien heureux est celuy &c. De quoy les patiens furent fort consolés. On leur auoit fait raire par derision la moitié de la teste & du visage, & teinte auec d'ocre rouge; afin de seruir de risée aux petits enfans qui crioint apres eux, comm'apres des monstres, écorte bien differente de ces processions d'enfans & de filles qui en tres bel ordre souloint accõpagner les predicateurs au martyre chantans les litanies & autres oraisons deuotes a l'hõneur de Dieu qui donoit la force aux homes de soustenir les tormens, quand le peuple de cette ville estoit pour la plus grãd part Chrestien. Nos patiẽs furent donc menés en cett'ordre au dernier suplice, passant par les principales rües de la ville comme triõphateurs de l'infidelité ceux qui croyoint par ce moyen triõpher de la Foy: & furent conduits en la montagnie que nous pouuons apeller saincte, ayant esté desia consacrée par le sang & par les cendres de tant de glorieux Martyrs qui ont esté la sacrifiés au Seigneur. On auoit desia creusé cinq fosses, la sienne pour chacun, qui auoint enuiron sept pans de profondeur, & sur icelles on auoit planté des fourches courbées du costé de la fosse en sorte qu'attachant par les pieds les patients ils se trouuoint enfoncés dãs la terre iusques a la ceinture, apres quoy on couurit toutes les ouuertures des fosses auec des grands ais, qu'on chargea encores de pierres, afin que les corps fussent, comme dans vne presse sans se pouuoir remuer, & de peur aussi que les voix qu'ils doneroint dans ce creux a la loüange de Dieu ou pour l'instructiõ du peuple, ne fussent entendües, & que n'estant veus que de la ceinture en haut, & du tout point entendus, ils ne fussent pas si capables de doner de la compassion aux assistans. Ces bien-heureux seruiteurs de Iesus-Christ demeurerent en ceste sorte pendus par les pieds tout ce iour la, & le lendemain auec la peine qu'on peut imaginer, toutes les humeurs du corps se iettant sur le gozier & sur la teste, qui leur couloint par la bouche & par les yeux qui est vne sorte de torment que ces barbares ont pratiqué depuis quelques années, pour doner plus grande terreur aux Chrestiens Iapponois, que le fer des bourreaux & les flãmes d'vn feu violét & d'vn lent si souuent reiterés contre les martyrs n'ont peu espouuanter. Durant ces deux iours & deux nuicts qu'ils furent ainsi pendus par les pieds sans secours humain, le Ciel versoit toutes ses faueurs sur leur personnes. Ils croioient estre desia dans les Cieux auec les Anges, car ils benissoint Dieu continuellement a si haute voix qu'ils se pouuoint entendre l'vn l'autre, & s'animoint reciproquement à mourir pour l'honneur de celuy qui leur donoit tant de douceurs pour tẽperer le fiel de leur tormens, & tant de generosité pour fortifier la fragilité humaine. Les gardes voyant que c'estoit vn entretien mutuel des patiens en langue latine ou Espaignole qu'ils n'entendoint pas, en donerent aduis aux Iuges, qui enuoierent vn Interprete pour les écouter, & leur offrir de nouueau la vie s'ils vouloint renoncer à la Foy, & sur ce que ce truchement leur demanda s'ils auoint quelque chose à desirer la dessus. Ils respondirent constament que non, & qu'ils estoint en possession de ce qu'ils auoint desiré & demandé tant de fois à Dieu si instammẽt & a leurs Superieurs, & qu'il ne leur restoit qu'à demander pardon a luy mesme, & aux autres ministres de la peine qu'ils prenoint pour eux & de celle qu'ils auoint prins tandis qu'ils estoint dans les prisons. Responce qui raportée aux Iuges les remplit d'estonnement, & leur arracha de la bouche, des paroles d'approbation & d'honneur pour vne patience si inuincible. Perdant doncques esperance de les peruertir, & desirant d'aller à la chasse ce matin du troisiéme iour de ce suplice, ils ordonnerẽt qu'on les tirat de ces fosses pour les decapiter. Les fosses descouuertes on treuua les deux seculiers desia morts, & les trois Religieux viuants, ausquels on intima leur derniere sentence, de laquelle ils reçeurent vne excessiue ioye, sçachant que c'estoit le dernier eschelon pour mõter a la gloire. Le Pere Vincent se trouua desia si agonisant que ne pouuant se tenir a genoüil pour offrir a Dieu sa teste par vne posture plus deuote, on la luy trancha tout couché en terre com'il estoit. Le Pere Michel dit au Pere Guillaume que les forces luy manquoint pour luy dire l'Adieu tant desiré, mais que s'en allant tous deux au Ciel ils se parleroint

toustout a loisir dans la liberté des enfans de la gloire, & ces deux icy eurẽt la force de se soûtenir a genoüil, & se sacrifierent ainsi a Dieu les mains iointes & les yeux attachés au Ciel d'ou ils esperoient la force & la couronne. En cette posture ils eurent les testes tranchées & affranchis des miseres de cette vie mortelle entrerent en l'immortelle & furent reçeus dans le Ciel triomphans, pour ioüir de la coronne promise a ceux qui pour la gloire de Dieu combatent & vainquent. Les corps de tous les cinq furent incontinent bruslés, & leur cendres auec la poussiere mesmes qui auoit esté sanctifiée de leur sang furent portées & iectées dans la mer a trois lieuës du port de Nangasaqui, le mesme iour vingt-neuf de Septembre de l'an 1637.

Des dispositions par lesquelles Dieu prepara ces quatre bons Religieux a souffrir la mort pour l'amour de luy.

Chap. V.

Voy que Dieu Seigneur des vertus, & Roy de la gloire, comme maistre absolu de l'vn & de l'autre, les puisse donner sans disposition precedente, ce qu'il a pratiqué en plusieurs Saincts qui conuertis soudainement de l'infidelité a la foy, ont incontinent esté faits de persecuteurs Martyrs. Ce n'est pas toutesfois sa procedure ordinaire, par laquelle il fait que la practique des vertus, & vne saincte vie precedent le

Martyre. C'est ainsi qu'il a disposé long temps auparauant ces bons Religieux, sanctifiant & embellissant leur ames de l'or d'vne feruente charité de Dieu & du prochain,& de tout'autre sorte de vertus comme de pierres pretieuses, pour leur donner la derniere perfection par le vermillon de leur sang versé pour l'amour de luy. Le P.F. Anthoine Gonsalez étoit natif de la noble Cité de Leon Ville Capitale de cet ancien Royaume. Dez sa puerilité Dieu le regarda comme vne personne destinée a son seruice, & voulut que comm'vn autre Samüel il fût eleué dans sa maison, pour le retirer des occasions d'apprendre le vice. Il fut admis au Seminaire de sa ville ou il aprit a perfection les lettres humaines, & quand son aage le rendit plus capable le Sainct Esprit le poussa a des études plus nobles pour les lettres, & pour la vertu; l'inspirant a prendre l'habit au Conuent de nostre Ordre qui est en sa Ville, ou apres la profession étant employé en l'estude de la Philosophie & de la Saincte Theologie, il donna des grandes preuues d'vn esprit excellent & solide & a la fin de ses études fût institué maistre des étudians au Conuent de Piedrahita, ou il fit vn heureux rencontre de Liseurs de Theologie, qui par leur doctrine & par leur pieté singuliere contribuerent beaucoup a le perfectioner en la science & en la vertu. Mais comme les bons esprits ainsi que les terres grasses si elles ne sont cultiuées produisent des herbes infructueuses & des sauuageons inutiles, que le trauail du laboureur défriche, & leur substitue des arbres fructueux : l'esprit de ce bon Peré luy fournissoit au commencement de petites gaillardises, de rencontres, & de discours vains, de poësies inutiles & semblables libertés, lesquelles encor qu'elles ne priuent de la grace Diuine, étoufent la bone semence de la vertu, & retardent grandemẽt son accroissement. Mais Dieu luy touchant le cœur il recognut bientost combien cette liberté de conuersation nuit a la perfection Religieuse : il rentra serieusement en soy pour rechercher le moyen de plaire a Dieu, & luy demandoit tres instamment la grace de le seruir parfaictement. Toutes les lumieres qu'il receuoit du Ciel tendoient à le disposer & faire aspirer au Martyre auec tant de presse qu'il ne pouuoit quasi en diuertir son esprit,& lors mesmes qu'il vouloit essayer vne plume, ne trouuoit point d'autre mot qui se presentat a sa memoire pour faire son essay, que ces paroles du fils de Dieu. *Maiorem dilectionem &c.* Le souuerain acte d'amour consiste à sacrifier sa vie pour ses amis. L'vnique moyen de paruenir a cette fin étoit de venir en cette Prouince ce qu'il proposoit faire. Mais attendant vne plus forte resolution & l'occasion a propos, il recherchoit soigneusement la conuersation des personnes qu'il croyoit plus parfaites & imploroit leurs oraisons. De quoy il receut de grands auantages. Singulierement en vne occasion qui se presenta de se depétrer d'vn piege que le Demon luy auoit tendu. Car se trouuant en vn danger euident de son ame, il en écriuit a vn de ses amis d'eminente vertu pour étre assisté de ses conseils & de ses prieres:à quoy il luy fut respondu par ce sien amy, qu'il auoit desia eu des lumieres de Dieu par lesquelles il étoit aduerti de sa grande necessité, & qu'il ne pouuoit depuis quelque temps se mettre en oraison sans prier pour luy, & les effects de ses prieres ardentes deliurerent le Pere Anthoine de ce danger. Il commença dez lors a mener vne vie fort austere, il prenoit la nuit son repos sur des tables toutes nües, il faisoit deux heures d'oraison à l'entrée de la nuit, & se leuoit deuant le iour pour en faire autres deux, apres quoy il disoit la saincte Messe fort deuotement. Sa nourriture ordinaire étoit vn potage d'herbes ou de pois chiches sans autre chose, quoy nonobstant & la grandeur de son corps qui étoit d'vne fort riche taille, il trauailloit gaillardement plus que tous les autres, & faisoit diuers voyages a pied, paroissant tousiours frais & bien refait. Il gardoit vne si étroite pauureté qu'étant lecteur il ne tenoit pas mesmes de liures dans sa chambre, & aloit étudier a la Biblioteque commune, ou il en demandoit par emprunt: quoy non-obstant il faisoit son office parfaitement. Sur tout la derniere année qu'il fut en Espaigne se disposant au voyage des Philippines pour le Iappon il s'arma d'vn cilice de fer sur la chair nüe, il redoubla ses oraisons ses disciplines & autres penitences priant Dieu qu'il acceptat son seruice & l'offre qu'il luy faisoit de sa vie pour le salut des ames. Estant au Conuent de Piedrahita & conferant doucement des choses de Dieu auec le Pere Pierre Ianez ils tirerent tous deux au sort vn sainct de nostre Ordre afin de l'imiter plus particulierement. Sainct Vincent Ferrier escheut au Pere Pierre qu'il a imité de si prés cõme toute l'Espagne sçait: & au Pere Anthoine Sainct Pierre le martyr. Ce qui le confirma de nouueau en ses premieres resolutions prenant ce bon Sainct pour le Parrain de son combat, & pour imiter ses actions de plus prés, il fit vn abbregé de sa vie qu'il auoit souuent deuant les yeux, l'imitant en tout ce qu'il pouuoit, & par exprés en eleuant la Saincte Hostie & le Calice a la Messe il demandoit tous les iours a Dieu comme Sainct Pierre, qu'il ne le laissat pas sortir de cette vie qu'en versant son sang & mourant pour le soustien de sa Foy. Il cõmuniqua son dessein de venir au Iappon a vne personne d'eminente pieté, qui apres plusieurs iours d'oraison a cette fin, l'asseura que Dieu l'y appelloit & qu'il le luy auoit fait voir coronné de l'aureole du Martyre auprés de Sainct Pierre le Martyr. Il fit aussi plusieurs pelerinages en diuers lieux de deuotion nuds pieds quand il étoit hors des villes, a l'imitation de nostre Pere Sainct Dominique. Arriuant en quelque lieu il preschoit, catechisoit, confessoit, accordoit les differens, reconcilioit les ennemis, & la ou il ne trouuoit point de Conuent de l'Ordre, il se retiroit a l'hospital & quétoit son pain de porte en porte, & s'il ny auoit point d'hospital, se retiroit dans l'Eglise pour y passer la nuit en oraison, & souuent il étoit obligé de coucher a la campagne. Cette sorte de proceder luy acquit vne tres-grande reputation, rendit ses sermons & ses entretiens plus agreables, & plus profitables, & ensemble le disposa aux trauaux qu'il faut souffrir au voyage, & dans le Iappon. Enfin l'occasion se presenta de venir icy aux Philippines, mais apres auoir eu permission de ses Superieurs il fut attaint d'vne grande maladie, si longue que les compagnons de sa mission furent obligés de partir d'Espaigne, pour s'aller embarquer a Seuille, dequoy ce bon Pere se sentit extremement attristé. Et incontinent que la fieure l'eut quitté il se mit en chemin pour les suiure, & quoy que fort foible & fort extenué il se rendit de Truxillo a Seuille, & partit auec ses compagnons, leur donant en chemin de tres grands exemples de vertu. Estant icy arriué aux Phillippines, & ayant communiqué son desir au Superieur se resignant a sa volonté (disposition tres-necessaire a telles entreprises) on l'employa a lire la Theologie, & peu apres il fut fait ensemble Predicateur ordinaire, qui sont deux emplois qui demandent chacun vn homme tout entier. Et quoy que les exercices de pieté qu'il faisoit en Espaigne fussent si parfaits, il les augmenta étant arriué en cette Prouince. Il commençoit le matin par l'oraison mentale qui se fait icy en commun tous les matins l'espace d'vne heure, suiuie d'vne rude discipline qu'il prenoit auec les autres, & parce que les iours de feste on ne la prend pas en commun, il la prenoit neantmoins étant retiré dans sa chambre. Au sortir de cet exercice il se retiroit pour dire vne partie du S. Rosaire, priant pour la deliurance des ames du Purgatoire, & a chaque *Pater noster* il se prosternoit en terre & la baisoit en prononçant ces paroles qu'vne deuotion tendre luy arrachoit de la bouche. *Ie suis vostre esclaue ô mon Dieu*, & a la Saincte Vierge, *Ie suis vostre esclaue Madame*, considerés moy s'il vous plait comm'vn membre de vostre famille. Apres le disner il disoit vne seconde partie du Rosaire & prioit pour la conuersion des ames qui étoint en peché mortel,& sur l'entrée de la nuit il disoit la troisiéme partie pour obtenir le pardon de ses pechés tousiours auec les mesmes douceurs d'esprit, & la mesme prostration de corps & protestation de bouche a tous les *Pater noster*, priant aussi pour la conuersion des Japponois & autres infidelles. A vne heure apres midy il faisoit la seconde heure d'oraison mentale dans le cœur a genoüil auec toute la communauté, & outre ce en faisoit vn'heure extraordinaire dans sa chambre la nuit. Il s'étoit accoûtumé a l'exercice de la presence de Dieu qu'il auoit tousiours deuant les yeux. Il se conseruoit dans vne profonde humilité, & quoyque tres docte, en toutes ses difficultés il s'en rapportoit volontiers au sentiment d'autruy, & pratiquoit tres-humblement le conseil & les ordres qui luy étoint donés pour sa direction interieure & exterieure, & garda cette sorte d'exercices iusques a ce que la Prouidence de Dieu le conduisit au Iappon, pour luy étre immolé en vne victime tres-agreable comme nous auons dit. Le Pere Frere Guillaume Courtet étoit François de nation natif de Serignan Diocese de Beziers, ou il fut enuoyé ieune enfant pour apprendre les lettres humaines. Estant de la Rethorique & ayant entendu vne relation des Religieux de Sainct Dominique qui auoint icy souffert le martyre, il se trouua poussé interieurement de se rendre Religieux du mesme Ordre pour étre vn iour employé en vne pareille mission & obtenir la corone du martyre. Il demanda l'habit au Pere Sebastien Michaëlis home de rare doctrine & d'eminête vertu, qui auoit doné desia cômencement a la reformation de nostre Ordre en Languedoc qui fleurit maintenant par tout ce Royaume de Frâce auec vne tres exacte & literale obseruâce des constitutions soubz le nom de la Congregatiô de S. Louys. Mais parce que le nouitiat de cette reforme étoit pour lors a Alby il fut enuoyé la pour prendre l'habit, faire son nouitiat, & passer profez comm'il fit, & apres auoir acheué son cours de Philosophie & Theologie aux Conuents d'étude, il fut institué lecteur au Conuent de S. Maximin, d'Auignon & de Bordeaux, en suite maistre des Nouices au Conuent de Tolose, & enfin Prieur du Conuent d'Auignon. Et de la il obtint la permission des Superieurs pour venir en cette Prouince. Pourquoy faire il se rendit a Madrid ou dans peu de temps il fut grandement aimé & estimé par tous les Religieux du Conuent pour la grande deuotion & obseruance qu'on recognut en luy, qui le faisoint paroître parmy les autres comm'vne étoile matiniere. Cette reputation le fit cognoître a la Cour d'Espagne, & Monsieur l'Embassadeur de France le print pour son confesseur, pour l'estat qu'il faisoit de sa doctrine & de sa vertu. Il fût aussi cognu & honoré de la Reyne qui luy dona la liberté d'entrer dans sa sale aux heures mesmes que l'entrée en étoit defendüe aux autres. Ce qui l'accreut fort a Madrid ou il étoit en reputation de saincteté. Mais come ce n'estoit pas le but de son voyage il abandona cette Cour, & ces faueurs Royales pour s'aller exposer a la Tyrannie des Roys du Iappon, & immoler sa vie pour l'instruction du prochain & le soustien de la Foy. Arrivé qu'il fut en cette Prouince & incorporé en icelle, il fut institué liseur de Theologie en ce Conuent de Manila, auec vn notable profit de ses auditeurs qui admiroint non seulement sa doctrine, mais principalement la saincteté de ses meurs. Il parloit fort peu comme ayant sa conuersation au Ciel, facilitée par le peu d'entretien qu'on a auec les hõmes. Outre les deux heures d'oraison mentale qui se font tous les iours en cõmun en tous les Conuens de cette Prouince il en adioustoit plusieurs autres, & pour en auoir plus de cõmodité il ne se couchoit point pour tout la nuit & la passoit assis sur vne chaire: ce qu'il auoit aussi pratiqué depuis vingt ans, ne dormant qu'autant qu'vne extreme necessité requeroit. Et parce qu'en ce pays l'air y est plain de moucherons importuns on a permis aux Religieux d'auoir vn pauillon sur le lict pour se mettre a couuert de ces piqueures qui troublent le sommeil & gatent le visage; il refusa d'en auoir dans sa châbre pour estre tenu plus eueillé par la piqueure de ces moucherons. Mais ce n'estoit pas beaucoup pour luy de mespriser l'éguillon des moucherons ayant desia accoustmé vne ceinture armée de quinze rosettes de fer en l'honeur des quinze mysteres du S. Rosaire, auec des éguillons si poignants que les pressant tant soit peu auec le doit ils en tiroint le sang. Il se seruoit aussi d'vne chaisne de fer sur les reins qui pour estre fort vsée,

paroissoit

paroissoit tousiours luisante comme si elle auoit esté recemment brunie. Il vsoit encores par interualles d'vn cilice armé de pointes de fer si grandes, que sa seule veuë donoit de la terreur. Il estoit fort abstinent en son manger. Il passoit trois iours de la semaine au pain & a l'eau auec quelque peu de fruit, il faisoit de mesme tout le caresme & l'aduent excepté le Dimanche qu'il vsoit de quelqu'autre mets. Il sembloit incroiable qu'vn homme se peut nourrir de si peu, mesmes passant les nuicts en oraison & souuent dans l'Eglise, ou il prenoit tous les iours d'vne rude discipline qui estoit a six branches de leton, ce qui ne pouuoit se faire qu'il ne fût tousiours playé en quelque partie de son corps. Il disoit la saincte Messe auec vne recollection si grande, qu'il donoit de la deuotion a ces auditeurs. Il pratiquoit vne profonde humilité. Il luy arriua vn iour de contester auec vn des autres Theologiens plus ieune que luy dans la chaleur de la dispute: & quoy qu'aucune parole offensiue ne luy fût eschappée, deuant que sortir du lieu, & en presence des Religieux & des seculiers il demanda pardon a ce Liseur prosterné a ses pieds, auec vne extreme edification des assistans. Et quoy qu'il fût vn si rude Censeur de ses actions, & si impitoyable a son corps, il auoit vn esprit de compassion & de douceur pour les autres, & particulierement pour les pecheurs qu'il recognoissoit auoir vn grand repentir de leur faute. Il les consoloit & animoit a bien faire en termes si puissants, qu'il les renuojoit plains de consolation & d'esperence. C'et ce que nous auons veu en luy dans vn an qu'il a demeuré en cette Prouince deuant que d'aller au Iappon, & nous ne doutons pas que les Peres de sa Congregation, qui l'ont eleué, & conuersé auec luy tant de temps, ne puissent donner de plus amples instructions de son eminente vertu & de ses exercices.

Le Pere Michel de Ozoraza estoit natif de la ville d'Onnate en Biscaye. Sa prudence & ses vertus le rendirent fort considerable au Conuent de sainct Thomas de Madrid. Il conceut vn grand desir d'aler au Iappon, & pour s'y disposer il trauailloit a la pratique des vertus de l'abstinẽce, de lapenitẽce, de l'humilité, de l'obeysence & vaquoit assiduement a l'oraison : & par ce moyen fit de grands aduencemens en la vertu. Il estoit homme de grand trauail & d'intelligence aux affaires, a raison de quoy on luy donna le soin de pouruoir a toutes les necessités de ceux qui deuoint s'en aller auec luy pour le Iappon & de traiter pour cela auec les officiers du Roy. Ce qu'il fit auec vne grande satisfaction de tous. Arriué icy il fut incorporé a la Prouince. Et parce que l'occasion ne se presenta pas si tost d'aller au Iappon on luy commenda d'apprendre la langue des Indiens, & de leur seruir de Chappellain ce qu'il fit fort charitablement & fort humblement. Il apprit parfaitement la langue des Indiens, quoy qu'auec beaucoup de trauail. Il eut aussi permission d'estudier a la langue Iapponoise, & y profita plus que tous ses compagnons, auec lesquels enfin il s'embarqua pour le voyage du Iappon auec l'heureux succés que nous auons écrit. Le Pere Frere Vincent de la Croix qui s'appelloit Xiuoz Zuca de son nom Iapponois, estoit fils d'vn Pere & d'vne mere Iapponois Chrestiens, & le septiesme de leurs enfans qu'ils consacrerent au seruice de Dieu, & dez l'enfance le disposerent a cette vacation, ne l'habillant iamais de couleur comme les autres enfans de sa condition, & dez l'aage de neuf ans le mettant au College que les RP. de la Compagnie de Iesvs auoint lors en la ville de Nangasaqui, ou il étudia la grãmaire & autres choses morales qu'on y enseignoit pour ceux qui deuoint ayder les Predicateurs de l'Euangile comme fit nostre Vincent. Iusques a ce qu'en 1614. il fut banni du Iappon & se retira icy a Mani. auec les Religieux & autres Chrestiēs qui furent chassés. Il y retourna neantmoins bien tôt apres, mais luy ayant esté impossible d'y habiter, desireux de seruir Dieu en l'estat d'ecclesiastique, non-obstant les aduantages temporels que ses amis luy representoint bien plus grands s'il se marioit, il fut enfin receu a la famille de Dom Pierre Arze Euesque de Zebu homme de singuliere vertu; & se presenta puis apres au Pere Frere Louys Sotelo pour l'accompagner au voyage du Iappon: mais se trouuant attaint d'vne grande maladie quand ledit Pere partit, il fut priué de l'honeur d'estre compagnon de son Martyre. Apres cela il s'employa a enseigner la langue Iapponoise aux Religieux qui se disposoint pour y aller. Il fut enfin ordonné Prestre, & le Pere Anthoine Gonsalez desirant le mener auec soy en ce dernier voyage pour luy seruir de guide dans les Royaumes du Iappon, il l'accepta volontiers: & croyant que l'habit de nostre Religion seroit vn nouueau lien pour l'attacher a Dieu, il le demanda instament, & le receut. Et passant son année de probatiō en ce grand & penible voyage, il fit la profession deuant qu'arriuer au Iappon: ou il souffrit genereusement la mort pour l'amour de Dieu.

Ainsin ont vescu, ainsi sont morts ces glorieux Martyrs de Iesus-Christ. Dieu nous face la grace que par leur intercessiō nous imitions la grande ferueur & la genereuse constance qu'ils ont tesmoigné en la vie & en la mort. Et que le grand desir que la plus part des Peres de cette Prouince ont de les seconder, soit conserué & augmenté iusques a l'execution. Ainsi soit-il.

FIN

www.ingramcontent.com/pod-product-compliance
Ingram Content Group UK Ltd.
Pitfield, Milton Keynes, MK11 3LW, UK
UKHW021037180726
13838UKWH00004B/1860